초딩 남아 사용설명서

당신은 언제나 옳습니다. 그대의 삶을 응원합니다. - **라의눈 출판그룹**

SHOGAKUSEI DANSHI NO TORISETSU by Rieko Maki
Copyright ⓒ 2011 Rieko Maki

This Korean language edition is published by arrangement with FUSOSHA Publishing, Inc., Tokyo in care of Tuttle-Mori Agency, Inc., Tokyo through ENTERS KOREA CO., LTD., Seoul.

이 책의 한국어판 저작권은 ㈜엔터스코리아를 통해 저작권자와 독점 계약한 맛있는책에 있습니다. 저작권법에 의하여 한국 내에서 보호를 받는 저작물이므로 무단전재와 무단복제를 금합니다.

초딩 남아 사용설명서

이해불가 아들과 살아가기 위한 리얼 육아 만화

글·그림 마키 리에코

라의눈

★ 프롤로그 ★

이해할 수 없는 '남자아이'의 일상을 블로그에 올린 지도 8년이 됐다.
재미있게 봐주시는 분들이 많아서 블로그의 내용을 모아 책으로 발간하게 되었다. 책이 나오자 다양한 감상평이 쏟아졌다. "엄마들끼리 모여서 함께 보면서 웃다가 울다가 했어요." "남편에게 읽혔더니 자기 어릴 적 이야기라고 박장대소했어요."
아이와 함께 봤다는 분들의 후기도 많았다. "우리 집 아들이 더 재미있어 해요." "아들이 이 책의 주인공을 보고 '이 아이 너무 웃겨'라고 하더군요. 자기랑 똑같은 줄도 모르고…"
남자아이들은 모두 유체이탈 화법을 쓴다. 우리 아들 역시 본인이 모델인데 이 책을 보며 "이 녀석 바보 아니야?"라고 말한다. 이건 너란 말이다!
더럽히고, 부수고, 뭐 하나에 꽂히면 물불을 안 가리고, 부모의 설교 따위 듣지 않는 남자아이, 하지만 가끔은 상냥하다. 내가 청소기 코드를 감다가 다쳤을 때, 아장아장 걸어와 작은 팔을 벌려 안아주던 일이 생각난다. 엄마가 제일 좋다는 아들에게 가끔 선물도 받았다. 뿌듯한 표정으로 내민 주먹에는, 쥐며느리가 쥐어져 있었지만…
그런 남자아이였던 아들이 올해 중학생이 되었다. 사랑스럽고 바보 같은 남자아이의 일상은 이제 종반부에 접어들었다. 돌아보면 필사적으로 달려왔던 날들, 육아의 기쁨을 만끽했다고는 차마 말을 못하겠다.
남자아이를 키우고 계신 여러분, 무척 힘드시죠? 하지만 부럽기도 합니다. 즐거운 일도 사랑스러운 일도 앞으로 산처럼 쌓여 있습니다. 부디 보석 같은 일상을 즐기시길 바랍니다.
매일 사고치는 아들의 모습을 가슴속 깊은 곳에 새겨놓으세요.
그때가 그리울 때 언제든지 꺼내볼 수 있도록요…

— 마키 리에코

★ 등장인물 ★

아들

애늙은이의 영혼을 가진 초등학생.
평소엔 느려 터졌는데 장난칠 때는 민첩하다.
이상하게 할아버지 말투를 써서 애늙은이라는 말을 듣는다.
시아버지의 첫 제사 무렵 임신이 되어 혹시 시아버지의
영혼이 돌아온 것이 아닌지 의심된다.

좋아하는 것 ● 축구, 낫또
싫어하는 것 ● 나르시스트, 스위트 콘

엄마 (하나)

이 만화의 작가이자 일러스트레이터.
엄하게 교육해야 한다는 방침을 갖고 있지만
건망증이 심해 아들이 만만하게 보는 경향이 있다.
초딩 시절엔 남자아이들을 몰고 다닌 골목대장 출신.

좋아하는 것 ● 만화, 맥주
싫어하는 것 ● 하이힐, 삶은 콩

아빠 (영철)

가사 일을 전담하는 열혈가장.
영감이 있는 집안일을 추구하느라 대참사가 발생하기도.
고양이 귀를 갖고 있는 이유는 영혼이 자유로운
고양이와 닮아서라는 하나 씨의 말.

좋아하는 것 ● 단것, 낚시
싫어하는 것 ● 귀신, 낫또

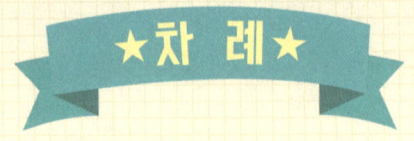

★ 차 례 ★

프롤로그 4
등장인물 5

1장 엄마와 아들

토끼와 거북이 10
방석 11
천둥번개 12
다시 태어나면 13
아들과 드라이브 14
공방전 15
갓난아기였을 때 16
해상전 17
만수무강 18
살 빠진 엄마 19
무엄하다 20
수수께끼 21
엄매가 뭘까요? 22
만만찮은 교섭상대 23
노천온천 24
몸통 25
둥개둥개 26
텔레파시 27
지우개똥 28
원샷 투킬 29

*번외편
이름 짓기 30
축구 하는 신생아 32
남자아이와 히어로 34

2장 아들은 학교에서

입학 전 불안증후군 36
첫 등교 37
가정방문 38
가정통신문 39
학부모 참관일 40
기생충검사 41
수영장 42
여름방학 끝 43
왕따 1 44
왕따 2 45
끈기 46
유명인 47
안녕, 1학년 3반 48
성적표 49
한자시험 50
건망증 51
간담회는 괴로워 52
거북이처럼 53
게임기 54
소변검사 55

*번외편
걸음마 56
남자아이와 학용품 58

3장 남자아이의 품격

열이 나면	60
점프가 좋아	61
반딧불이	62
나체족	63
여자친구	64
바스타올	65
폭우	66
꽃가루받이	67
사랑의 계절	68
최고의 작품	69
하느님이 하신 일	70
치한이다	71
화장실	72
말 좀 들어!	73
합숙	74
햇볕에 타다	75
어느 여름날의 단상	76
많은 날도 안심	77
경쟁자들	78
바지가 내려가면	79

*번외편
기어오르다	80
남자아이와 여자아이	82

4장 조금 나쁜 남자

텐트와 남자	84
철책	85
축구	86
아빠와 아들	87
날쌘돌이	88
체험학습 풀장	89
콩가루 떡	90
다섯 쌍둥이	91
도마뱀	92
머리가 커서	93
명란 1	94
명란 2	95
자전거 열쇠	96
색연필	97
아들의 관심사	98
항공사진	99
전기와 아들	100
통학로 바꾸기	101
눈	102
모험	103

*번외편
이너바우어	104
남자아이와 캐릭터 도시락	106

5장 남자아이의 평범한 일상

빨간 모자	108
머리는 어디?	109
하늘자동차	110
크리	111
참새	112
자화상	113
집 냄새	114
민수 형 1	115
민수 형 2	116
광고판	117
차단기	118
이름표	119
스카점프	120
머리 쿵	121
무지개 요정	122
휘파람	123
비몽사몽	124
하얀 명란	125
오징어	126
육지 소라게	127

*번외편
원숭이 우리	128
남자아이와 패션	130

6장 천재로 키우는 방법!?

양	132
목욕시간	133
상처	134
된장국	135
길에서 마주친 아들	136
김	137
백지	138
아들의 수납	139
물웅덩이 전설	140
집어먹기	141
신장비	142
배꼽 때	143
분신술	144
승부욕	145
배웅	146
멍때림	147
흘러내림	148
척척박사 엄마	149
장래희망	150
빈손	151

*번외편
꽁치	152
연어	154

학년별 남자아이 취급법   156

제1장
엄마와 아들

모자가 일심동체였던 시절은 지나갔다.
가끔 싸우기는 하지만 그래도 아직은 좋은 사이.
엄마와 초딩 아들 사이, 깨소금과 밀당이 있는 일상.

쓰레기 길

토끼와 거북이

배 아파 낳은 내 자식인데, 모자는 별개의 영혼임을
실감할 수밖에 없는 속도 차이.

방석

아들에게 많은 것을 알려주는 엄마. 하지만 거짓말투성이.
할머니도 친척들도 다 그러니까, 어떤 의미에서는 가풍 계승?
쇠는 뜨거울 때 두드리고, 아들은 속아 넘어갈 때 속이자!

이 동네 최고의 겁쟁이~ ㅋㅋ 그런데도 엄마까지 챙겨줘서 고마워.
'엄마는 원래 덫에 걸린 새였는데 아빠가 도와줘 결혼했다'는
엄마의 거짓말을 굳게 믿고 있다.

* 일본에는 천둥 도깨비가 배꼽을 떼어간다는 속설이 있다.

다시 태어나면

예약됐기 때문에 다음 생도 절벽가슴!

우리 아들은 언제까지 우산을 뒤집어서 쓰려나 푸념을 했더니
선배 엄마 왈, 내년에는 그러지 않을 거야.
어떤 의미로는 진짜 그렇게 됐다. 우산 없이 나가게 됐거든.

이유는 없지만 우리 집은 수련장.
그리고 수련은 점점 엄격해진다. 이유는, 없다니까~

갓난아기였을 때

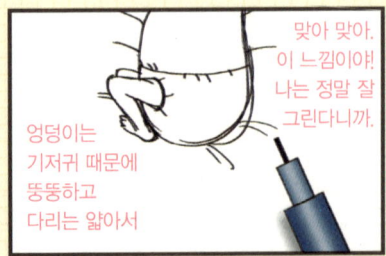

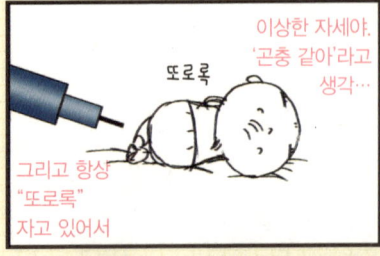

신생아 때는 통통하지 않고 말라서 애벌레 같았다.
아니 건어물 비슷했다. 마른 오징어라든가…
발표할 때는 반전이나 재미는 필요 없어요~

몇 번이나 처절하게 패해도
언젠가 쓰러뜨리려고 기회를 엿보는 젊은이.
보스 원숭이에게 쫓겨난 수컷 원숭이 같다.
아직 너 같은 애송이한테는 안 당한다. ㅋㅋ

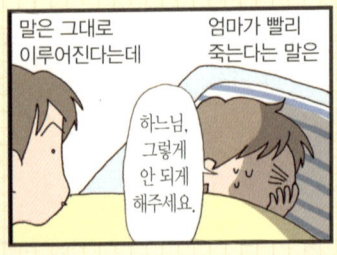

초등학교 3학년 때, 미니 반항기가 와서 뭐든지 싫어했다.
엄마가 자신에게 쏟는 애정도 자기가 엄마를 좋아하는 것도
인정하지 않는 아들. 엄마에게서 독립하려는 것이겠지.
하지만 이런 말을 해줘서 눈물 나게 고마워.

살 빠진 엄마

반항기인 3학년에서 조금 거슬러 올라가, 초등학교 1학년 때 이야기. 막연하게 엄마는 아들에게 연인이나 태양이나 여신 같은 존재라고 생각했는데, 사실은 이불이었다.

**엄마가 다이어트에 성공한다는 건
아이에게 '이불이 얇아지는' 것과 같은 비극!**

무엄하다

이뿐만이 아니었다.
잠깐만 기다려보라며 장난감을 가지러 가는 등
무례한 일을 많이 당했다.

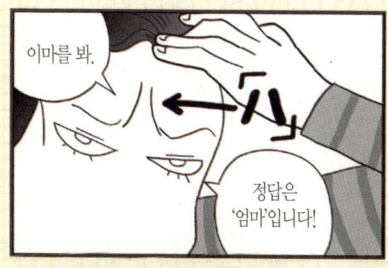

가끔 남편이 주름을 펴준다.
하지만 안 없어진다.
팔자주름, 왼쪽은 아들 것, 오른 쪽은 남편 것!

엄매가 뭘까요?

어릴 적, 엄마 아빠 발음도 제대로 못해서 어마, 아바라 하던 아들.
언젠가 엄마에서 어머니로 바뀌겠지만, 갑자기 엄매라는 말로 불리게 됐다.

만만찮은 교섭상대

밀어서 안 되면 눌러 봐. 그러면 뭔가 흘러나올지도…
아니면 엄마가 포기할지도. 남자아이의 절박함이 묻어온다.
장래 영업사원의 자질이 보이는 듯. 적어도 껌을 손에 넣을 때까지는.

노천온천

얼마 전까지 엄마랑 여탕에 갔었으니까,
그리울 수도 있겠다. 엄마와 여탕 둘 다.

여탕의 향수

몸통

임신 중에 풍선처럼 부풀었던 배, 아직도 들어가지 않았다.
숨을 참아 봐도, 배를 집어넣어 봐도 금방 '출렁' 하고 다시 돌아온다.
엄마 북이라고 부르도록 하여라~

그 후로도 신학기나 스트레스가 쌓일 때면 내 품에 안긴다.
최근 8~12살 남자아이의 스트레스 해소에 좋은 것을 조사한 내용이 있었다.
1위 엄마와의 포옹, 2위 엄마의 전화 목소리, 3위 평화로운 동물 사진 보여주기!
그렇게나 스트레스 해소에 좋다면 조금 더 안아줘야겠군.

텔레파시

모자지간의 텔레파시 소멸과 더불어, 남자아이는 언제나 업 되어 있어서
엄마의 안색 따위는 살피지 않는다. 분위기 파악 좀 해!
엄마 얼굴이 울그락불그락하는 정도는 알아채란 말이다!

지우개 똥을 향한 열정

지우개 똥을 향한 열정과 끈기를 공부나 예술, 운동 쪽으로
살린다면 확실하게 두각을 나타낼 듯!

이상한 아이디어를 내서 곤경에 처하는 아들을 보노라면
〈시튼 동물기〉에 나오는 '등장하자마자 죽어버리는 바보 같은 개체'는
이런 타입일 거란 생각이 든다.
야생동물이 아니고 사람이라서 정말 다행이다.

번외편 초등학생 이전

아기였을 때

이름 짓기

아이들 이름 짓는 건 정말 힘들죠~

여자아이를 원했던 영철 씨. "여자아이는 정말 귀여워. '아빠~'라고 부르면…"이라고 노래를 부르는 딸바보 직장 동료에게 세뇌당한 듯하다. 뱃속의 아이 성별을 알기 전부터 우리 집에는 반드시 여자아이가 태어날 거라 생각해서, 여자아이 이름만 생각했다. 게다가 아들도 그런 아빠를 놀리듯이 초음파 검진할 때마다 중요 부위가 안 보여서 성별 판정도 늦게 됐다. 머릿속에 제멋대로 상상한 여자아이와의 즐거운 일상이 전부 사라지게 된 영철씨의 허탈감. 어떻게든 마음을 다잡고 "남자아이도 귀여워. 이름은 내가 지을게!"라며 의욕적으로 나선 것까진 좋았는데, 이번엔 방향을 못 잡고 좋은 이름에만 치중한 나머지 점점 미궁 속으로 빠져든 초보 아빠.

한자의 획수나 의미에 신경 쓰느라, 점점 더 이상한 듣보잡 이름*을 만들어내는 남편. 그리고 손자에게 그런 이상한 이름을 붙이는 건 싫다며 어떻게든 말려보라고 울먹이는 시어머니. 고민에 지쳐 "포기"라고 남편이 말하자마자, 작명 책을 펼쳐서 바로 눈에 들어오는 이름으로 결정했다. 단 2분도 안 걸렸다. 하지만 지금 보면 무척 아들다운 이름이다. 인생이 다 그런 거다.

* 듣보잡 이름 듣지도 보지도 못했다는 의미의 인터넷 은어. 여기서는 부모의 사랑과 자기만족이 과해서 아이에게 어울리지 않는 외국풍의 괴상한 이름을 뜻한다.

엄마의 한마디 결국 빛의 속도로 결정했다.

축구 하는 신생아

극성맞은 아기 때문에 초보 엄마는 두근두근

번외편 초등학생 이전 — 아기였을 때

아들은 산후조리원에 있을 때부터 활발했다. '무척 활발하네. 사슴벌레를 산다면 이런 놈으로 사야지.' 신생아실에서도 부지런히 움직이고 배냇저고리 소매를 물고 잡아당기는 아이를 보며 이렇게 생각했다. 뱃속에 있을 때부터 극성맞아서 태동이 심했다. 너무 심하게 발로 차서, 출산 전날 밤을 꼬박 새웠다. 옷 위로도 발을 뻗는 모습이 보였다던가, 그런 전설은 셀 수 없이 많았다.

뱃속에 있을 때는 그랬지만, 산도를 지나면서부터는 갱생해서 조용하고 잘 자는 아이가 되어주었으면 하고 바랐지만 그건 희망사항일 뿐이었다. 아이는 하루 종일 꿈틀꿈틀 가만히 있질 않았다. 사실 아들은 대퇴골 이음새가 약간 불완전한 상태로 태어났다. '고관절아탈구'라는 거다. 아직 덜 자란 상태에서 예정일보다 조금 빨리 태어났기 때문일 거다. "아이가 걸을 수 있을까요?" 초산이라서 과도하게 불안해 하는 초보 엄마에게, 간호사는 웃으면서 말했다. "이렇게 발로 차는 걸 보면 괜찮아요." 마침 신생아실에는 발차기 3번으로 이불을 걷어차는 괴력의 신생아도 있었다.

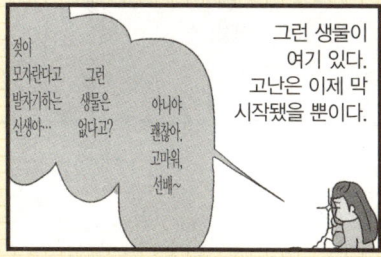

엄마의 한마디 어쨌든, 축구를 가르치기로 했다.

제2장
아들은 학교에서

급식, 친구, 체육시간, 축구…
재미있는 일이 많은 초등학교 생활. 학교는 공부하는 곳이란
생각은 애초에 없는 듯하다.

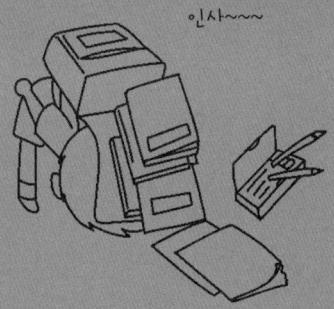

입학 전 불안 증후군

일단 지금은 하교지도가 있어서
어떻게든 잘 다니고 있다.

입학 전엔 부모나 유치원 선생님 등 항상 어른 눈이 닿는 곳에 있어서 혼자서 행동할 일이 거의 없었다. 그러던 아이가 혼자 등하교를 한다고 생각하니, 너무 무서웠다.
차도에서도 마구 뛰어 나가고 달린다. 마음 졸이는 남자아이의 첫 등교.
＊ **우리아이 첫 심부름** 아이가 첫 심부름을 해내는 모습을 보여주는 일본의 TV 프로그램.

가정방문

선생님이 오시기 전, 청소도 하고 화장도 했다.
하지만 아무리 치장을 해도, 아이로 인해 전부 들통나버린다.

가정통신문

우리는 손재주가 좋은 민족.
하지만 종이 각이 맞지 않아도 신경 안 쓰는 개체가 존재한다.
아들이 접은 종이접기는 그냥 쓰레기!

학부모 참관일

"초밥은 돌지 않아!"라며 필사적으로 외치던
소년의 주장은 가볍게 묵살 당했다.
성공한 인생이 초등학교에서도 통하리란 보장은 없다.

기생충 검사

학교에서 기생충 검사를 한다는 이야기를 어디선가 주워들은 아들.
이미 오래 전에 없어졌다는 사실을 알려주니 기운 빠져 한다.
결국 기생충 검사 키트를 사줘야 했다.

수영장

전국적으로 초등학생 사이에서 '지옥의 샤워'라고 불리는 모양이다.
그 호칭은 심지어 졸업생에게 전수받은 듯하다.

그래도 수영은 너무 좋아!

여름방학 끝

내년부터는 우리 아들에게 여름방학을 주지 말아주세요. 여름방학이 없으면 아이들도 집에 없고, 엄마들도 힘들지 않으니까요. 꼭 부탁드릴게요. 교육부 장관님.
여름방학, 긴 축제 뒤의 숙제!

왕따 1

왕따, 이 단어를 두려워하지 않는 학생이나 부모는 없다.
선생님한테 말해야 할까? 아이가 상처받았을까?
나도 무척이나 불안했다. 하지만 당사자의 발언은 안드로메다~
산전수전 다 겪은 지금의 나였다면 신경 안 썼을 사건!

왕따 2

오늘 급식에 뭐 나왔냐고 물었다.
"음, 뭐였더라~~ 기억이 안 나는 걸 보니까 급식을 안 먹었나봐."
아들, 너 메모리가 너무 작은 거 아냐?

끈기

그날, 학교 전체가 울었다.

급식 가위바위보여, 영원하라!

유명인

쥐구멍아, 넌 어디에 있는 거니?
모르는 학부형과의 대화를 가시방석으로 만들어준 아들을 둔 엄마.

안녕, 1학년 3반

정말 좋은 선생님과 좋은 친구들을 만났다.
학교생활을 이렇게 즐겁게 시작할 수 있다니,
정말 운이 좋았다고 생각한다.

성적표

저학년 성적표는 생활태도 부분만 읽으라고 선배 엄마(전 교사)가 충고했다.
성적은 별 의미가 없으니까, 낙천적으로 받아들이라는 거였다.
그런데 너무 낙천적이었을까? 3~4학년이 되어 공부가 어려워지자 나는 급 당황했다.

한자시험

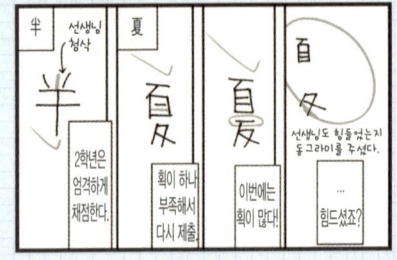
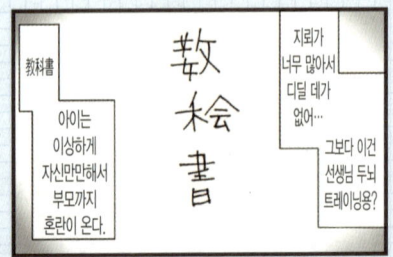

한자의 모양을 교묘하게 틀린다. 자꾸 보다 보면 오히려 내가 틀렸나 하는 혼란이 온다. 내 안에서 게슈탈트 붕괴*가 일어나는 착각! 이런 걸 30개나 평가하는 선생님은 정말 대단하다.

* **게슈탈트 붕괴** '이 글자가 이런 모양이었나?'라는 의심이 시작되면 점점 확신이 흔들리는 현상을 말하는 심리학 용어. 어떤 외적인 정보로 인해 세계관이 붕괴, 재구성 작업이 필요하게 된다는 의미.

건망증

이런 종류의 건망증은 전혀 나아지지가 않아서,
남자아이들에게 있어 초등학교 생활의 가장 큰 장애물이다.
아무리 닦달해도 고쳐지지 않고, 본인에겐 문제로 보이지도 않고…

아들 짝꿍의 엄마가 말했다.
큰 딸을 키울 때는 전혀 문제없었던 간담회가
아들을 키울 때는 너무 힘들다고…

거북이처럼

*거북이를 도와주고 용궁에 놀러 간 사이 300년이 흘렀다는 일본의 전래동화 내용.

코끼리의 시간, 쥐의 시간이라는 말이 있다.
코끼리와 쥐의 심장은 평생 동안 약 150억 회 뛰는데
심장이 빨리 뛰는 쥐는 단명하고, 느리게 뛰는 코끼리는 100년까지 산다는 이야기.
아들, 오래오래 살아라~

방금 구글링*한 결과, 초딩 중딩 남자아이 중 게임 시간 0시간인 아이는 3.8%라고 한다. 이건 분명 소수파다. 그런 아들이 닌텐도를 처음으로 체험하면서 조작법을 몰라 당황하는 것 같았다. 하지만 역시 남자아이! 금세 조작법을 익혔다.

* **구글링** 구글에서 검색하는 것에서 유래한 인터넷 용어. 지금은 초등학생도 구글링으로 숙제하는 시대.

소변검사

뭐든지 스스로 하겠다는 너, 다 컸다고 생각하니 눈물이 났단다.
결과적으로는 매번 집을 엉망으로 만들어서 엄마 눈에서 다른 의미의
눈물이 나는구나.
실패는 성공의… 아마도…   - 엄마

번외편 초등학생 이전 — 아기였을 때

걸음마
걷게 되니, 이번에는 장난 때문에 걱정~

아들은 목을 가누는 게 늦은 편이었다. 하지만 목과 허리를 지탱하자마자 맹렬한 기세로 '잡고 일어서기'와 '기기'까지 마스터했다. "스케줄이 밀렸어! 내가 알아서 처리할게!" 아들 안에는 현장 감독관이 있는 모양이다. "기초가 되어 있지 않으면 건물을 지을 수 없어! 이봐, 주말에도 쉬지 말고 기는 연습을 하란 말이야." 감독관의 채찍에 필사적으로 움직이는 인부(아들). 그게 모두 걸음마를 위한 준비였나 보다. 앉는 것도 불안정한 7개월 때에 '잡고 일어서기'가 되고, 곧 '혼자 서기'가 되고, '잡고 걷기'까지 하게 된 인부(아들).

이후 '대장'이란 별명이 붙었다. 진지하고 성실한 성격이 얼굴에도 묻어나왔다. 잡고 걷는 건 완벽했고, 엄마 손을 잡고도 잘 걸었다. 그런데 이상하게 손을 놓는 순간, 걷지 않았다. 결국 우연히 첫 걸음마를 떼기까지 4개월이 걸렸다. "이리 와"라고 부르는 엄마를 시크하게 외면하는 아들. 어디서 상담을 받아야 할지 고민하던 차에 우리 집에 놀러온 친구(미인, 독신, 화장품 냄새를 폴폴 풍김)가 "이리 와"라고 하자, 갑자기 자박자박 여덟 발자국을 걸었다. 정말 남자들이란….

엄마의 한마디 미인의 응원이 필요해~

제3장
남자아이의 품격

왜 그렇게 똥이 좋은 걸까?
왜 그렇게 꼬추에 신경 쓰는 걸까?
비밀스러운 남자아이들의 1차원 개그 대방출!
여자아이들 이야기도 약간.

비밀기지

악당들

열이 나면

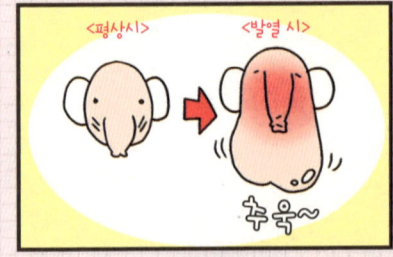

열은 '이마에서 잰다, 겨드랑이에서 잰다, 혀에서 잰다' 등이 보편적이지만,
남자아이를 키우다 보면, 하나가 더 있다.
남자아이 엄마만 아는 거시기한 세계!
라디에이터를 갖고 있는 건, 차가 아니라 남자다!

어린 아들이 뿅뿅 뛰고 있다.
이런 흐뭇한 풍경 속에 그런 비밀이 숨겨져 있을 줄이야!

연못에는 반딧불이를 보러 온 수많은 관광객들이 모여 있었다.
그곳에 낭랑하게 울려 퍼지는 아들의 목소리.
"반딧불이야~~ 신붓감은 찾은 거니~~~?"

남자아이는 나체족과 부끄럼쟁이족 2가지 부류로 나뉜다. 아빠가 툭하면 벗어젖히는 집에서 자란 아이는 나체족이 될 확률이 높은 것 같다.
결과적으로 우리 집은 영철이, 너 때문이야!
나체, 아버지에게 물려받다.

여자친구

여자아이 앞에서 열심 돋는 아들.
"우와, 히어로 같네. 멋있다!"
하지만 막상 침착하게 일을 끝내는 건 여자아이.

바스타올

어디서든 나체족 코스프레. 대담하다고 봐줄 수도 있겠지만
이대로 자라다간 어른이 되어서도 그럴까 걱정이다.
빨리 '창피함'이란 걸 알았으면 좋겠다.

폭우

폭우가 쏟아지던 그날, 너의 환한 미소를
엄마는 평생 잊지 못할 거야.

아이와 함께 정원 가꾸기! 정말 낭만적인 말이다. 하지만 남자아이들은 애초에 그쪽으론 관심이 없나 보다. 어쩌다 함께 여주를 키우게 됐을 때는 정말 기뻤다. 설마 이런 일이 기다릴 거라고는 상상도 못하고…

남자아이, 곤충은 좋아해도 식물엔 관심 없다.

사랑의 계절

초등학교 여자아이와 남자아이는 정신연령이 다르다.
하물며 사랑에 대해서는 더욱더…

최고의 작품

아들은 왜 자신의 작품을 그렇게 보여주고 싶어 할까?
네가 아기였을 때는 기저귀를 갈면서 색이 어떻고 소화가 어떻고 하면서 울고 웃었지만,
10년이 지난 지금은 그저 다른 사람의 똥으로밖에 안 보인단 말이다.
제발 보여주지 말아줘~~

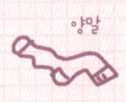

이런 쪽으로 잘 아는 사람에게 물었더니
생물학적으로 거기가 마지막에 닫히기 때문에
마무리 자국이라고 생각해도 된단다. ㅋㅋ

치한이다

- 십자매: 조류는 총배설강이라는 하나의 배설구에서 대변, 소변, 알까지 내보낸다.
- 상어: 상어는 배뇨기관이 발달하지 않아 체내에 요산을 축적한다. 그 요산은 박테리아에 의해 암모니아로 바뀌기 때문에 상어 고기에서는 강렬한 냄새가 난다.

화장실

아무에게도 못 물어보고
혼자서 몇 년이나 고생했던 모양이다.

나는 남자 형제들 사이에서 강하게 자라서
웬만한 일에는 동요하지 않는다.
그런데 이번 일에는 농담도 하지 못했다.

합숙

옛날에 어린 소년들은 나이가 차면
어른들에게 불려가 많은 비밀을 전해 듣고
여러 가지 가르침을 받았다고 한다.
스포츠 소년단에서 형들을 만나다.

햇볕에 타다

나는 남자 형제들 사이에서 강하게 자라서
웬만한 일에는 동요하지 않는다.
하지만 이번 일에는… (이하 동문)

어떤 연예인이 거리에서 나체로 다녀 체포됐다는 얘기가 있었다.
아들도 자신의 미래가 걱정되긴 하는 모양이다.

많은 날도 안심

여자들은 오줌 같은 건 싸지 않아.
오줌싸개로 보지 말란 말이야. (아, 하지만 출산 후에 잠깐…)
아들에게는 그림책 등으로 어릴 적부터 성교육을 시켜 왔는데
전혀 기억을 하지 못한다.

아들 덕분에 반 아이들의 꼬추에 대해 잘 알게 되었다.
간담회에서 건너편에 앉아 있는 학부형을 보고
'저 사람이 꼬추가 ##한 @@군 엄마구나'라고 생각하는
나 자신의 데이터베이스란…

바지가 내려가면

어쩌다 꼬추 참수를 시켜버렸다.
없는 사람에겐 그 부분의 공간이 너무 어렵다.

기어오르다

아기라도 생각보다 손힘이 강해요~

번외편 초등학생 이전 ● 아기였을 때

첫 아이를 키우는 초보 엄마들은 다른 집 아이도 다 그럴 거라고 생각한다. 다른 집 아이는 비 오는 날 우산을 잡고 기어오르지 않는다는 걸 알게 된 건 꽤 나중 일이다. 어쩐지, 다른 집 엄마들은 아기띠를 하고도 양손에 물건을 들고 다니더라니…. 내 경우엔 손에 닿는 모든 물건에 달라붙어서 기어오르고, 아기띠에서 탈출하려고 기를 쓰는 어린 원숭이를 붙잡아서 아기띠에 집어넣느라 한 손은 늘 방어에 써야 했다.

언젠가 아들을 데리고 소아과에 갔을 때 일이다. 3개월쯤 된 아기가 엄마와 눈을 맞추고 방긋 웃고 있었다. 너무 귀여웠다. 생각해보니 아들이 3개월이었을 때는, 내 앞머리를 붙잡고 안면 클라이밍을 하고 있었다. 내 고난은 그때 이미 시작된 거였다.

"아파, 아파!" 하는 소리에 뒤돌아보니, 젊은 엄마 얼굴을 올라타고 있는 아기가 있었다. 분홍색 옷인 걸 보니 여자아이 같았다. 얼굴은 귀엽게 생겼는데, 눈빛은 먹이를 노리는 매 같았다. 모든 봉우리를 정복하고야 말겠다는 클라이머의 눈빛! "어머니, 그 아이는 곧 우산대에 기어오를 거예요"라는 말이 턱밑까지 올라왔지만 그냥 삼켰다.

엄마의 한마디 다행히 사람으로 컸습니다.

제 4 장
조금 나쁜 남자

매일 상처와 모험과 서스펜스를 즐기는 초등학교 남자아이의 생태.
남자아이를 키우는 엄마는 수명이 줄어든다.
또 맨날 소리 지르다 보니 목소리의 데시빌이 커진다.

너희 남자아이들은 좁은 곳을 좋아하지?
열사병은 조심해야 해~

철책

아무도 없는 곳에서 이런 일이 벌어지면 혼자 탈출할 수 있을까?
이때는 손으로 머리를 살짝 밀어서 빠져 나왔습니다만…

축구

누가 적이고 누가 같은 편인지는 알고 있냐고?
"나 외에는 모두 적!"이라는 말도 한 걸 보면
답이 없다.

- 들러붙기: 땀범벅이 된 뜨거운 몸을 상대방에게 밀착시키는 고도의 기술. 상대방이 받는 데미지는 최고 등급이다.

예전엔 귀여웠는데… -아빠

날쌘돌이

간혹 있는 모양이다. 운동신경이 좋아 몸으로 하는 건 잘하는데,
도구를 사용하는 운동을 하게 되면 손발이 따로 노는 아이.
원숭이였다면 존경받았을 텐데. 그래도 도구를 쓰니까 사람이겠죠?

체험학습 풀장

다른 집 아이였다면 "건강한 게 최고죠"라는 무책임한 말을 하고 싶을 정도로 길들여지지 않은 야생아! 모르는 아이인 척하면서 멀리서 지켜볼 수밖에…

전국에서도 적수가 없다!

콩가루 떡

흙탕물에서 뒹군 멧돼지 같은 모습으로 돌아왔다.
고양이 전용문처럼 아들 전용문이 필요한 순간.
욕실로 직행할 수 있는…

정말이지 너무 이상한 일이다.
방을 어지럽히는 걸 보면 아들이 하나가 아닌 것 같아.

결국 누가 가져다 놓았는지 밝히지 못했다. 은밀한 우정일지도 모르겠다.
아무리 좋았어도 여자에게 이런 선물은 안 돼! 실연 당한단다, 아들아!
남자들은 조금 다른 선물을 고른다.

머리가 커서

처음 이사 와서 베란다 울타리를 보고 놀랐다. 부동산 중개인에게 '여기 올라갔다가 떨어진 아이는 없나요?'라고 물었다. "아드님(당시 5세) 나이에는 안 된다고 하면 알아들어요"라고 대답했다. 나는 어쩌자고 그 말을 믿었을까?ㅠㅠ

오늘도 깨끗하게 잊어버렸다. 엄마의 훈계 따위…

의외의 결말
명란 2를 기대하시라!
바로 옆 페이지에 있지만.

아무튼 원인은 햇볕에 타서 부은 것.
자외선 차단 립스틱도 있다는데, 미처 입술까지는 신경 쓰지 못했다.

자전거 열쇠

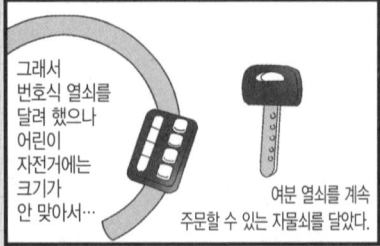

잃어버리고, 잃어버리고, 또 잃어버리고…
무한반복으로 잃어버리는 남자아이의 자전거 열쇠.
해가 질 때까지 스스로 찾게 하는 방법, 잃어버릴 걸 대비해서
열쇠를 많이 만들어놓는 방법, 다양한 전략이 필요하다.

초등학교 때, 우리 반 남자아이가 물감을 먹었었다.
"흰색은 맛이 써. 나는 노란색이 좋아"라며 한바탕 소동을 일으켰다.
남자는 시대를 초월해서 바보!

아들의 관심사

"아드님은 무척 열심히 하고 있어요. 점점 좋아지고 있습니다만, 조금 다른 쪽으로 열심이네요." 지난번 코치에게 받은 프린트, '잘하는 포지션'을 쓰는 란에 '죽마'라고 쓰여 있었다. 거기서 왜 죽마냐고?

누구한테도 지지 않을 테다! 일단 눈앞의 일에서는…

가족사진 속에서 "이 아이는 뭐야? 어디나 이런 아이 하나는 꼭 있어"라는 말을 듣는 그런 아이가 우리 아들. ㅋㅋ

용기, 아이디어, 실행능력! 이 3가지를 다 갖춘 위험한 남자!
아들, 네 캐치프레이즈는 이걸로 하렴.

남자아이의 바보 같은 용기가 지구를 움직인다.

초등학교 3학년, 개그 기에 들어간다.
이때부터 친구들과 격하게 어울려 다니기 시작한다.
꼬추를 보여주거나 통학로를 이탈하는 등 자신의 터프함을
자랑하기 위해 별 이상한 짓을 다 한다.

눈과 남자아이, 돌멩이와 남자아이, 분수와 남자아이… 그들은 뗄래야 뗄 수 없는 사이. 이성이 들어갈 틈이 없다. 반사작용만큼 빠르니까.

순간, 머릿속이 하얘지는 마술!

모험

친구들에서 겁쟁이라는 말을 듣지 않기 위해서라면 무엇이든 한다.
담장 위를 달리거나, 빵을 한 입에 넣거나, 소금을 한 봉지 먹거나…
영웅이 되었으나 병원에 입원한 아이도 있다.
"남자아이는 정말 바보야." 내 안에 있는 '여자아이'가 고개를 절레절레 흔든다.

번외편

초등학생 이전 — 아기였을 때

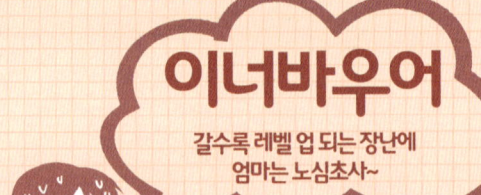

이너바우어

갈수록 레벨 업 되는 장난에 엄마는 노심초사~

아들은 만 한 살이 되자마자 어린이집에 다녔다. 자전거를 산 것도 통원 때문이었고, 길을 가는 중에 금세 지루해 하고 칭얼대는 아들에게 "저기 봐, 야옹이가 있어!"라며 주의를 돌리느라 무척 힘들었다. 칭얼대는 정도면 괜찮은데, 지루해 할수록 이너바우어를 했기 때문이다. 게다가 엄마 수다(?)가 재미없다고 생각되면 "나 내릴 거야"라며 안전벨트를 풀려고 하는 만 한 살 아기. 왕복 30분 계속 수다를 떨어야 하는 상황. 내가 개그맨이라면 시급 얼마일까? 한 살짜리를 상대로 굳은 표정으로 (할 이야기가 없으니까), 큰 목소리로(차 소리 때문에 안 들리니까) 계속 수다를 떠는 엄마. 어쩌다가 지나가는 사람이 보았다면 무척 이상한 사람이라 생각했겠지. 그 동네를 떠난 지 한참 됐지만, 어쩌면 도시괴담이 되어 있을지도 모르겠다. 아기에게 소리 지르는 자전거녀 괴담.

최근에 자전거를 새로 샀다. 아들도 컸으니 이제 사이클을 즐겨볼까 해서. 앞에는 아이를 태우고, 뒤에는 장바구니를 싣고 필사적으로 오르막을 올랐던 기억을 떠올리니, 낡은 자전거와 이별하는 것이 좀 서운했다. 육아란 전쟁을 함께 치른 전우 같았다고나 할까.

엄마의 한마디 남자아이의 기질은 태어날 때부터!

제 5 장
남자아이의 평범한 일상

스위치가 꺼진 남자아이는
한없이 멍~때리면서 인류애로 충만하다.
시건방 초등학교 남자아이의 가슴 따뜻한 이야기.

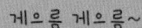

빨간 모자

유치원에 다닐 때, 그는 신사였다.
선의를 거절해서 미안했어. -친구
거절당할 줄은 몰랐다. … 나 울고 싶어!

미안… 사과할게.

머리는 여기, 태어날 때부터 여기!

*빈 차를 뜻하는 '空車'에서 '空'은 '하늘'이라는 뜻도 있다.

택시 기사님들께. 당신들은 하늘(空)과 자동차(車)를 읽을 수 있게 된 초등학교 1년생들의 히어로입니다.

언젠가 하늘을 날아 주세요. 날 수 있는 거죠?

크리

크리다~~! 크리가 터졌다~~~!
우리 집에 엄청난 크리가 터졌다!
라며 외치고 다니고 싶을 만큼 순도 높은 크리* ㅠㅠ

* **크리** 치명타를 뜻하는 크리티컬(Critical)의 약자로 게임 용어.

동화 같기도 하고, 꿈 같기도 한 이야기.
예전에도 내 눈앞에서 잠자리를 손바닥으로 건져내듯이 잡은 적이 있었으니
아마 사실일 것이다. 아이들은 전부 나우시카*가 아닐까?

* **나우시카** 미야자키 하야오 감독의 애니메이션 〈바람의 계곡 나우시카〉의 주인공.

자화상

이럴 때
엄마로서 정말 행복하죠?

우리 집 현관 냄새는 너에게 무척 그리운 냄새가 됐을 거야.
하지만 그건 아마 네 축구화에서 나는 냄새였을 거야.

저학년이 봤을 때 최고 학년인 6학년은
스페셜하게 멋지고 어른스럽게 보이나 보다.
1학년에게 6학년은 신이다!

민수의 졸업식 때 카드를 들고 기다렸던 아들.
하지만 뒤에 있던 아들은 키가 작아서 전해주지 못했다.
얼마 전 중학생이 된 민수를 우연히 봤다.
미소가 멋진 야구소년이 되어 있었다.

광고판

가게를 경영하시는 분들께.
광고판을 사람이 들지 않아도 될 방법을 연구해주세요.

문제없이 통과했다.
아이들이 차단기를 내렸을 때 이 방법이 효과적이다.
"의외의 행동에 놀라서 통과시킬 수밖에 없었어." -아들

무슨 배짱으로 그 이름표를 달고 체험학습에 갔을까?
분명 테이프가 떨어져 다시 붙이느라 고생했을 거다.

생애 최고의 걸작!

스키점프

K포인트는 스키점프의 착지 지점, 노멀힐은 짧은 점프대, 라지힐은 긴 점프대, 텔레마크는 스키의 급속정지 기술이다.

사계절이 봄인 파라다이스가 있다.
그곳엔 복숭아꽃도 피어 있고, 안개도 끼어 있다.
이건 아들 머릿속 이야기다.

아들이 어딘가 부딪쳐서 아파하고 있으면 불쌍하고, 물론 정말이지 걱정되지만 살짝 풋— 하고 뿜게 되는 건 왜일까?

다른 사람의 비극을 보고 웃지 마!

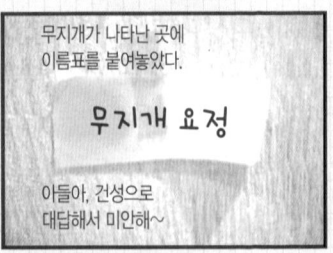

뭔가 좀 더 근사한 주제가라든가
유명한 동요라든가…

아침에 막 잠에서 깬 남자아이.
그건 마치 장수 도롱뇽이나
바다에서 건진 해파리 같다.

하얀 명란

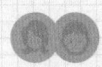

아이들의 이런 장난을 디폴트* 행동이라고 한다.
"우리 집 아이는 빨간 명란이에요."
"우리 아이도 해요. 목이 늘어나니까 안 했으면 좋겠어요." 엄마들의 불만이 많다.

* **디폴트** 컴퓨터 시스템에서의 초기 설정을 말한다.

오징어

* 트럼펫을 가지고 싶은 소년
〈벤의 트럼펫〉이라는 그림
책에 나오는 주인공.

참새가 마치 이웃 아주머니처럼
이것저것 아들을 챙겨주는 이야기.

육지 소라게

그렇게 등에 지고 있으면 재미있니?
행복하니? 평화롭니?
육지 소라게의 기분을 엄마는 모르겠다.

원숭이 우리

'싫어싫어' 시기가 지나면 거짓말처럼 웃을 수 있다.

번외편 초등학생 이전  **2살 때의 '싫어싫어' 시기**

2살 무렵의 '싫어싫어' 시기, 사람으로서는 조금 불안한 시기였다고 할 수 있다. 하지만 '원숭이라고 생각하면 꽤 괜찮지 않을까?'라 생각하며 현실도피를 하던 나였다. 물론 주장할 수 있는 원숭이가 장래성 있는 원숭이라는 건 잘 안다. "내가 할래~"라고 했을 때 "그래 대단하네~ 원숭이지만 신발을 신을 수 있구나~" 하면 좋겠지만, 엄마는 사회에 살고 있는 사람이므로 시간에 구애를 받을 수밖에 없다. "내가 할래"라고 떼쓰는 2살 아이가 신발을 잘 신을 수 있게 돼서 만족감에 기뻐하며 "시너따~"라며 박수를 칠 때까지 기다린다면, 어린이집 등원 시간에 맞출 수 없다. 그 당시 나는 직장에 다니고 있었다. 아무리 좋은 직장이라도 아이가 자기 힘으로 신발을 신겠다고 해서 지각했다고 말한다면 봐주지 않을 것이다.

그래서 엄마들은 안 돕는 척, 돕는 기술을 터득하게 된다. 하지만 눈치 빠른 아이는 으아~!!(만지지 마)라며 위협한다. 2살 아이의 '싫어싫어' 시기는 마치 장마가 걷히듯 지나가버린다. 우리 아들도 이후 너무나 평온하고 조용한 아이로 변했다. 너무 다른 모습을 보노라면, 3살 정기 검진 때 아이가 바뀐 게 아닐까란 의심이 들 정도였다.

엄마의 한마디 계속 우리 집 아들로 살고 싶은 듯!

제6장
천재로 키우는 방법!?

사고를 비약시키는 순발력.
실패할 걸 알면서도 뛰어드는 용기.
세기의 발명과 발견은 이러한 남자아이(여자아이)의
무모함에서 나온 걸지도…

고무밴드

음치

옷을 입는 게 귀찮다.
겨우 그런 걸, 엄청나게 장황하게 이야기하는 아들.
엄마의 설교를 잠자코 들으면서 단추를 잠그는 게
훨씬 효율적이라고 생각해.

목욕시간

전에도 실수로 욕실 문을 연 적이 있었는데, 아들이 욕조 안에서
서양인처럼 거품 낸 스펀지로 몸을 씻고 있었다.
다음에 또 실수로 욕실 문을 열면, 더 엄청난 뭔가를 목격할지도.
은혜 갚은 학처럼 비단을 짜거나…

상처

어릴 때부터 넘어지면 이마나 볼이 까지던 아들. 그런데 어떤 이유인지는 모르겠지만 코는 전혀 다친 적이 없다. 이번에는 난이도가 높은 부분을 다쳤는데, 도대체 얼마나 코가 낮은 거야? 후에 무사히 코가 까졌던 날엔 잔칫상을 차릴 뻔했다.

코는 날렵하게 피했을 거라고 생각해. 휘익~ 하고.

초등학생이 될 때까지, 된장국이 뜨거운지 아닌지 아는 방법을 엄마가 안 알려줬니?
아니, 알려주지 않으면 모르는 거니?
그보다 다른 사람이 손으로 된장국 온도를 재는 걸 본 적이 있는 거야?
언제 어디서? 말해 봐, 언제 어디서?

그날 영철 씨는
마음이 갈기갈기 찢어졌다고 한다.

김

정말이지 가능하지 않을 것 같은 일을 해내는 아들.
(위의 사진은 아들이 김으로 만든 눈알귀신)

백지

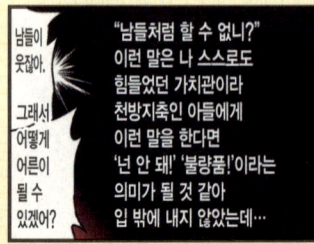

느긋하게 키우려고 다짐하지만 가끔 장래가 걱정되기도 한다.
타임머신을 타고 미래로 가서 어떻게든 잘사는 모습을 보고
왔으면 좋겠다.

아들의 키홀더는 포장용 끈이다.
물통 끈을 잃어버리자 선배들이 모두 모여서 포장용 끈으로 만들어주었단다.
그게 너무 기뻐서 키홀더로 재사용한 것.

이 이야기는 전설이 되어 지금도 축구단원과 부모님들의 입에 오르내리고 있다. 아들이 축구단을 졸업한 후에도 계속 전해지면 어쩌나?

집어먹기

아들이 손으로 집어먹는 모습은 이상하게도 엘레강스하다.
"우리 나라에서는 이렇게 먹습니다"라고 말하는 어느 나라의 왕자님처럼!
"고쳐지지 않으면 인도에 가면 되지. 거기는 카레도 손으로 먹잖아" 등의
극단적인 해결법을 말해주는 사람도 있다.

신장비

래퍼는 패션처럼 한쪽 다리를 걷어 올린다고 한다.
갱들은 총을 가지고 있지 않다는 걸 알리려고 올리는 경우도 있다고 한다.
외국에서는 자전거를 타면서 아들과 같은 이유로 걷어 올리기도 한다고 한다.
아들은 래퍼인가, 갱인가, 외국인인가?

인생은 하지 않고 후회하는 것보다, 하고 후회하는 게 낫다.
하지만 예외는 있다.

엄마의 배꼽 냄새, 10년치 똥 냄새~

분신술

알 수 없는 생명체다.
긴장을 풀면 대장균처럼 몇 배로 늘어난다.

승부욕

배우고 싶을 정도로
빠른 전환 스킬.

배웅

슬리퍼를 신고 출근할 뻔했다. 잠옷을 입은 채 등교할 뻔했다.
다양한 무용담이 있지만 아이가 팬티만 입고 공원에 갔다면,
엄마는 엄청난 데미지를 입었을 거야.

멍때림

이게 재미있구나. 승패도 정해지는구나. 자신 있는 기술이구나.
여러 가지로 이상한 시합이다.

자질구레한 일은 패스하고, 인류를 위해 발명을 한다?
그런 엄청난 목적 하에 그런 옷차림으로 살고 계셨을 줄이야…

우주와 아들 머릿속의 공통점
= 종잡을 수 없다.
= 얼룩덜룩하다.
= 해명되지 않은 수수께끼가 많다.

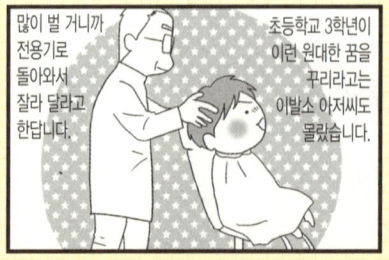

아기 때 한쪽으로만 누워 있던 습관 때문에 찌그러진 아들 머리도
숙련된 기술로 똑바로 만들어주는 아저씨.
(아저씨와의 첫 만남은 옆의 2컷에서~)

빈손

나도 옛날에 학교에 가방을 가지고 가지 않은 적이 있었다.
하지만 내 경우는 비 오는 날이라서, 우산과 보조가방은 들고 갔다.
아무것도 안 든 아들의 승리! 청출어람의 순간!

가방도 없이 학교엔 뭐 하러 가는 거냐?

꽁치

남편! 육아 동지로서 당신에게 기대고 싶었는데…

번외편 — 남자아이였던 영철 씨 1

우리 집 천사 영철 씨. 한 아이의 아빠이자 회사원. 취미는 낚시. 그의 4차원 캐릭터는 소재가 다양하다. 블로그에서도 '영철 씨, 귀요미예요. 하지만 내 남편이면 힘들 것 같아요'란 댓글을 많이 받는다. 항상 도시락을 싸주는데, 남편은 꼬박꼬박 답 문자를 보낸다. '도시락맛있었어고마워잘먹을게' 뭐야, 띄어쓰기는? 띄어쓰기 하는 법을 몰라? 그러면 마침표나 쉼표는? 안 쓴다고? 그러면서 마지막에 이모티콘을 넣은 그런 힘 빠지는 문자를 매일 보내온다.

'오늘도시락고마워장어가맛있었어' 이날은 도시락에 넣은 꽁치구이를 장어구이로 착각하고 먹은 모양이다. 불쌍하게도 저렴한 혀를 가진 영철 씨. 저는 정직하게 사실대로 알려줬다. '미안해, 꽁치야' 바로 답 문자가 왔다. '거짓말이지?'

이렇게 어리숙한 남자가 회사에서는 잘하고 있을지, 가슴이 두근거린다. 이름은 잘 썼을까, 옆 자리 동료의 간식을 먹고 있지는 않을까? 초딩 아들보다 더 걱정이다. 회사에도 참관일이 있으면 좋겠다. 어쨌든 상황은 알 수 있으니까.

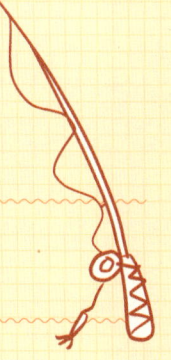

 가장입니다만 예민합니다.

번외편 남자아이였던 영철 씨 2

연어
엄마는 아빠처럼 응석을 다 받아줄 수 없어~

열애설 사실로 확인! 영철 씨가 아들에게 쏟는 사랑은 대단하다. 아들을 너무 좋아해서 힘들어 할 정도로. 현재 4학년이 돼서 초기 사춘기를 겪는 아들을 슬쩍 건드리고는 "귀찮아!"라는 말을 듣고 있다. 아들이 막 태어났을 때는 좀 쿨한 관계였는데… 하지만 함께 공원에 갈 수 있게 되자 "우리 아들을 너무 귀여워! 숨 막히게 귀여워!"라고 말하기 시작했다. 무릎에 아들을 앉히고는 "귀여운 우리 아들, 언제까지나 이대로 있을 거지?"라는 발언까지 해서 나(육아 담당)에게 엄청나게 혼나기도 했다. "그런 말 하지 마! 내일은 오늘보다 좀 더 클 거라고 생각하니까, 이 끝나지 않을 것 같은 육아도 견딜 수 있는 거란 말이야! '언제까지나 이대로 있으면 좋겠다'처럼 무서운 말 하지 마~~!"

하지만 아들이 초등학교 고학년에 들어가자 남편의 기분을 조금 알 것 같다. 손이 많이 가던 그 시절이 아이와의 황금 같은 날들이었던 거다. 언제나 필사적이었지만, 가끔은 멈춰서 '언제까지 이대로 있어줘'라고 행복해 했더라면 좋았을 텐데… 너무 힘들어서 그때의 기억은 거의 남아 있지 않으니까, 노후에는 영철 씨에게 그때의 이야기를 매일 들어야지. '우리 아들은 이렇게 귀여웠어~'라는 추억을…

엄마의 한마디 진리는, 많이 사랑하는 쪽이 진다는 것!

넓은 세상에 내보내진 남자아이

초등학교 1학년. 언제나 어른들이 보살펴주는 유아기에서, 어른들이 모르는 시간이 점점 늘어나는 시기. 세상이 넓어져서 남자아이도 흥분한 상태. 엄청난 사고를 치기 시작한다. 손해보험은 남자아이에게 필수 아이템.

뻔뻔해지기 시작하는 시기

남자아이의 진수는 초등학교 2학년부터! 학교생활도 익숙해지고 그럭저럭 요령도 생겨서, 착한 아이가 성에 차지 않는 남자아이가 본성을 드러내는 시기. 학교에서도 하지 말라는 것만 골라서 하고, 자기만의 장난이 늘어난다. 우리 아이는 그런 남자아이와는 다르다고 생각할지도 모르지만 초등 2학년에 그 남자아이가 갑자기 눈뜰지도 모른다.

사회성이 커지는 아이들

"너랑 나랑 친구지?" 남자아이들을 뭉치게 하는 첫마디다. 부모가 사과하는 횟수도 최고로 많아진다. 다른 친구들 앞에서는 허세를 부리지만, 집에 돌아오면 아직 "엄마가 좋아" 하며 안긴다. 사실 엄마 마음속에서 정말 귀여운 모습으로 기억되는 초등 3학년.

별로 똑똑해지지 않아~

선배 엄마는 10살이 되면 신사가 될 것이라고 말했지만 거짓말이었다. 아마 이런 상태로 어른이 될 것 같다. 남편도 아직 남자아이인 걸 보면… 나중에 할머니가 된 내가 "우리 아이는 더 이상 변하지 않아!"라고 소리치는 모습이 떠오른다.
세상의 모든 엄마들, 우리 같이 울까요?ㅠㅠ

옮긴이 | **안나진**

10년 간 일본에 거주하면서 오사카예술대학을 졸업했다. 영화, 드라마, 다큐멘터리, 웹툰 등의 한국 문화 콘텐츠를 일본어로 번역하는 일을 하고 있다. 웹툰 〈연애혁명〉 〈소년들은 무엇을 하고 있을까〉, 방송 〈M 카운트다운〉 〈K-POP 스타 헌트〉 〈신데렐라 언니〉 〈장난스런 키스〉 〈신의〉, 자기계발서 〈부자가 되려면 혼자 일하지 마라〉 등 활자와 영상을 넘나들며 왕성한 번역 활동을 하고 있다. 한국과 일본의 좋은 작품을 소개하기 위해 힘쓰고 있다.

초판 1쇄 | 2015년 7월 15일

글·그림 | 마키 리에코
옮긴이 | 안나진
발행인 | 설웅도
발행처 | 라의눈

편집장 | 김지현
마케팅 | 김홍석
경영지원 | 설효섭
디자인 | Kewpiedoll Design

출판등록 | 2014년 1월 13일(제2014-000011호)
주소 | 서울시 서초중앙로 29길(반포동) 낙강빌딩 2층
전화번호 | 02-466-1283
팩스번호 | 02-466-1301
전자우편 | eyeofrabooks@gmail.com

이 책의 저작권은 저자와 출판사에 있습니다.
서면에 의한 저자와 출판사의 허락 없이 책의 전부 또는 일부 내용을 사용할 수 없습니다.

ISBN : 979-11-86039-30-4 13590

잘못 만들어진 책은 구입처나 본사에서 교환해 드립니다.
책값은 뒤표지에 있습니다.
라의눈에서는 독자 여러분의 소중한 아이디어와 원고 투고를 기다리고 있습니다.